UNIVERSITÉ DE BORDEAUX

FACULTÉ DE MÉDECINE ET DE PHARMACIE

ANNÉE 1919-1920 — N° 118

La Guerre Européenne

ET

le Tirailleur Sénégalais

THÈSE POUR LE DOCTORAT EN MÉDECINE

Présentée et soutenue publiquement le Vendredi 7 Mai 1920

PAR

Marcel-Eugène LACAZE

Médecin des Troupes coloniales

Né le 28 Octobre 1890, à CHAMPTOCÉ (Maine-et-Loire)

Examinateurs de la Thèse
- MM. LE DANTEC, professeur. — *Président.*
- ABADIE, professeur
- PETGES, agrégé. — *Juges.*
- PERRENS, agrégé.

BORDEAUX

Imprimerie Victor CAMBETTE

91, Cours de la Marne, 91

1920

UNIVERSITÉ DE BORDEAUX

FACULTÉ DE MÉDECINE ET DE PHARMACIE

ANNÉE 1919-1920   N° 118

La Guerre Européenne

ET

le Tirailleur Sénégalais

THÈSE POUR LE DOCTORAT EN MÉDECINE

Présentée et soutenue publiquement le Vendredi 7 Mai 1920

PAR

Marcel-Eugène LACAZE

Médecin des Troupes coloniales

Né le 28 Octobre 1890, à CHAMPTOCÉ (Maine-et-Loire)

Examinateurs de la Thèse
{ MM. LE DANTEC, professeur.......... *Président.*
ABADIE, professeur ....
PETGES, agrégé.................. } *Juges.*
PERRENS, agrégé.............. }

BORDEAUX

Imprimerie Victor CAMBETTE

91, Cours de la Marne, 91

1920

FACULTÉ DE MÉDECINE ET DE PHARMACIE DE BORDEAUX

M. SIGALAS .... Doyen.

PROFESSEURS HONORAIRES

MM. LANELONGUE, BADAL, JOLYET, DEMONS, PITRES.

PROFESSEURS

MM.

Clinique interne	ARNOZAN. / CASSAËT.
Clinique externe	CHAVANNAZ. / VILLAR.
Pathologie et thérapeutique générales ...	CRUCHET (chargé).
Clinique d'accouchements .	RIVIERE.
Anatomie pathologique ...	SABRAZES.
Anatomie	GENTES.
Anatomie générale et histologie	G. DUBREUIL.
Physiologie	PACHON.
Hygiène	AUCHE.
Médecine légale	VERGER.
Physique biologique et électricité médicale	BERGONIÉ.
Chimie	CHELLE (chargé)
Histoire naturelle	GUILLAUD.

MM.

Pharmacie	DUPOUY.
Matière médicale	BEILLE.
Médecine expérimentale ...	FERRÉ.
Clinique ophtalmologique .	LAGRANGE.
Clinique chirurgicale infantile et orthopédie	DENUCÉ.
Clinique gynécologique ...	BÉGOUIN.
Clinique médicale des maladies des enfants	MOUSSOUS.
Chimie biologique	DENIGES.
Physique pharmaceutique.	SIGALAS.
Pathologie exotique	LE DANTEC.
Clinique des maladies cutanées et syphilitiques ...	W. DUBREUILH.
Clinique des maladies des voies urinaires	POUSSON.
Clinique psychiatrique	ABADIE.
Clinique d'Oto-rhino-laryngologie	MOURE.

PROFESSEURS ADJOINTS

Toxicologie	M. BARTHE.

AGRÉGÉS EN EXERCICE

MM.

Anatomie	PRINCETEAU.
Anatomie et embryologie	PICQUE, / JEANNENEY (ch.).
Histologie	LACOSTE (chargé).
Physiologie	DELAUNAY.
Parasitologie et Sciences naturelles	MANDOUL. / N.....
Physique biologique et médicale	RECHOU.
Chimie biologique et médicale	CHELLE.
Médecine générale	CRUCHET. / PETGES. / CARLES (J.)

MM.

Médecine générale	MAURIAC. / N..... / LEURET. / DUPERIE.
Maladies mentales	PERRENS. / GUYOT.
Chirurgie générale	ROCHER. / DUVERGEY.
Obstétrique	PERY. / FAUGERE.
Ophtalmologie	TEULIÈRES. / BARTHE.
Pharmacie	LABAT.

CHARGÉS DE COURS

MM.

Cours de clinique dentaire	CAVALIÉ.
— complémentaire de thérapeutique et pharmacologie ...	CARLES (J.).
— de médecine opératoire	VENOT.
— d'accouchements	PERY.
— d'ophtalmologie	CABANNES.
— de puériculture	CHAMBRELENT.
— de climatologie et hydrologie médicale	SELLIER.
— de toxicologie et hygiène appliquée	PARTHE.
— d'analyse chimique qualitative et quantitative ...	CHELLE.
— de démonstration et de préparation pharmaceutique	LABAT.
— de microbiologie	MANDOUL.

A MON PÈRE, A MA MÈRE

———

A MON FRÈRE, A MES SŒURS

———

A LA MÉMOIRE DE MES AMIS

LOUIS KERVÉGANT et HENRI LE CHUITON

MORTS AU CHAMP D'HONNEUR

———

A LA MÉMOIRE

DE MON COUSIN GEORGES LACAZE

Pilote Aviateur

MORT AU CHAMP D'HONNEUR

———

A MES CHEFS

DE LA MARINE ET DES TROUPES COLONIALES

A MON PRÉSIDENT DE THÈSE

MONSIEUR LE DOCTEUR LE DANTEC

PROFESSEUR DE PATHOLOGIE EXOTIQUE A LA FACULTÉ DE MÉDECINE

DE BORDEAUX

MÉDECIN EN CHEF DE LA MARINE DE RÉSERVE

OFFICIER DE LA LÉGION D'HONNEUR

OFFICIER DE L'INSTRUCTION PUBLIQUE

Hommage de respectueuse gratitude pour les conseils éclairés qu'il nous a donné et pour l'honneur qu'il nous fait d'accepter la présidence de notre thèse.

La Guerre Européenne

et

le Tirailleur Sénégalais.

INTRODUCTION

Affecté pendant près de trois ans à un bataillon sénégalais de l'Armée d'Orient, il nous a paru intéressant au moment de terminer nos études médicales de résumer les impressions que nous avions pu recueillir pendant notre séjour chez les tirailleurs. Combien différent fut notre rôle de ce qu'il avait été précédemment dans les bataillons français. En effet, le Sénégalais est un poilu tout spécial, à réactions et à morbidité particulières, et dans les débuts de notre entrée en fonctions nous fûmes souvent embarrassés de faits qui à la longue nous furent coutumiers.

Ce sont surtout ces particularités que nous nous proposons de décrire sans entrer dans la description banale de faits classiques sans intérêt, après avoir dans la première partie de notre thèse relaté ce que nous avons observé au point de vue de la constitution physique, des aptitudes, des mœurs, de l'hygiène et de la mentalité du tirailleur. Nous conclucrons par des considérations générales sur l'adaptation du Sénégalais à la vie de tirailleur, dans les pays tempérés.

Qu'on veuille bien considérer le manque de nos moyens d'investigation, les circonstances dans lesquelles nous remplissions notre rôle de médecin de bataillon et ceci nous sera une excuse auprès de ceux appelés à nous juger, pour les lacunes et les imperfections de notre thèse.

CHAPITRE I

___

Le Tirailleur Sénégalais. — Considérations générales.

De constitution robuste; l'anatomie du Sénégalais diffère sensiblement de celle de l'Européen. Différente suivant les races, ce qui frappe chez tous c'est le développement parfois formidable de la musculature cervicothoracique, contrastant avec l'étroitesse de la ceinture et du bassin. Les bras sont longs, bien musclés, le deltoïde saillant, les jambes sont relativement grêles, les muscles allongés, le tendon d'Achille s'insère sur un calcanéum développé en arrière.

On a décrit une musculature spéciale du larynx, une insertion spéciale du sterno-cléido-mastoïdien, ceci ne peut se vérifier que difficilement sur le sujet vivant. Nous n'insisterons pas sur les particularités évidentes du Sénégalais, sa couleur, ses cheveux crépus, son nez camard, et l'ouverture très développée des fosses nasales.

Nous signalerons la puissance des muscles masticateurs et celle du maxillaire inférieur prognathe sur lequel s'implantent des dents saillantes et obliques en avant.

Une particularité remarquable chez le Sénégalais est la fréquence chez lui de la hernie ombilicale, parfois énorme et toujours bien tolérée. Nous avions pensé que cette affection, si c'en est une pour le Sénégalais, pouvait être liée à une pratique spéciale de l'accouchement; or, paraît-il sa fréquence est partout la même quels que soient les procédés de section, de ligature ou de pansement du cordon que l'on emploie au moment de la naissance. Le Docteur CORRE pense qu'une dissection attentive conduirait sans doute à reconnaître chez le noir un moindre développement des fibres musculaires lisses signalées par RICHET autour de l'ombilic. Cette hernie est toujours parfaitement réductible et le gargouillement qui en accompagne la réduction est attribuée par le Sénégalais au « Cri du Ver », l'helminthiase étant fréquente chez le noir.

Tous ces caractères sont d'ailleurs différents suivant les races, l'indigène du centre de l'Afrique ne ressemblant point à celui de la côte. La structure du Ouoloff, l'aristocrate chez le Tirailleur, est souvent très fine, se rapprochant de celle de l'Européen, nez effilé, poitrine moins large, maxillaire inférieur moins développé que chez le Bambarra. Le Toucouleur présente parfois un type de race rappelant l'Arabe, teint simplement bronzé, anatomie souvent très harmonieusement développée. En résumé, le Tirailleur, tel qu'il se présentait à nous dans les bataillons, surtout celui provenant des premiers recrutements était un sujet musclé, vigoureux, exempt de tares et semblant parfaitement apte à la vie de poilu.

Maladroit dans les actes normaux pour nous Européens, le Tirailleur retrouve son maximum de rendement dès qu'il accomplit un acte coutumier chez lui. Maladroit dans le saut, exercice dans lequel les jambes seules chez lui participent à l'effort, il nage en revanche comme un poisson et serait susceptible de battre bon nombre de records. Il ne sait pas courir, par contre il est infatigable marcheur; avec une température convenable, plutôt élevée, s'il n'est pas trop embarrassé par tous les attributs que comportent la civilisation et le métier militaire, les étapes pour lui ne sont qu'un jeu. Le port du sac lui est pénible, surtout dans les débuts de sa carrière; aussi, quand l'étape est longue le Tirailleur déboucle-t-il son barda et mettant à profit sa remarquable musculature cervicale, il pose tout ce qui l'embarrasse sur son chef et il est apte à fournir un nouvel effort. Les souliers constituent pour la nouvelle recrue une gêne, que n'atténue pas un choix judicieux de chaussures, les plus vastes jouissant de toutes ses faveurs, aussi ampoules, excoriations et plaies étaient-elles fréquentes. Ces mêmes dommages s'observaient également à la partie interne et supérieure des cuisses, une certaine obtusion de la sensibilité chez le noir lui permettait malgré tout la marche, qui eut été impossible dans ces mêmes conditions pour l'Européen. En marche, le Tirailleur exige une large consommation de liquide. Rien n'est aussi préjudiciable à la discipline d'une colonne que la rencontre au cours d'une longue étape d'une source quelconque. Le bidon de deux litres disparaît en un clin d'œil, le choix de l'eau dans ces circonstances étant le dernier des soucis du Tirailleur. Cette consommation considérable de liquide au cours d'un effort pénible et prolongé, avec les températures élevées que nous connaissions en Macédoine est indispensable chez le noir et s'explique chez lui par l'entretien d'une sudation en rapport avec la quantité d'eau absorbée. En dehors de la pigmentation de la peau qui constitue le principal facteur de résistance du noir aux rayons caloriques, cette sudation abondante particulièrement à la face et au cuir chevelu est un moyen de lutte contre l'ardeur des rayons solaires que le Tirailleur supporte nu-tête sans inconvénient.

L'hygiène du Tirailleur par la discipline du bataillon devenait celle des troupes en campagne. Livré à lui-même le Tirailleur n'a pas le souci exagéré de son hygiène, la phtyriase fréquente et admirablement tolérée chez lui est une preuve de ce désintéressement. Il manifeste cependant pour le bain un certain amour, mais ce semble plutôt être chez lui une question de contact agréable et de distraction qu'affaire de propreté.

Le Sénégalais tient un grand compte de sa denture, qu'il entretient par d'énergiques frictions à l'aide d'un menu brin de bois mâché à son extrémité; chez lui il utiliserait pour cet office un bois spécial et exclusif. Doit-il à cette pratique le remarquable état de conservation de la denture que l'on observe presque chez tous, cette hypothèse ne doit pas être éliminée; le régime, nous semble-t-il, doit également entrer en ligne de compte.

La chevelure exige moins de soins, chez le noir le cheveu ne pousse que très lentement, il se contente en été de se raser le crâne à l'exception, à peu près générale, d'une bande ou d'une touffe, variables dans leur configuration suivant la fantaisie de chacun.

L'alimentation du Tirailleur réglementée par l'Intendance consistait dans sa base essentielle en viande et en riz, pas de vin et le quart de la ration de pain du soldat français. Peu gourmet, la quantité prime la qualité, aucune recherche culinaire, goût fort prononcé par les épices. La paprika, piment rouge des Orientaux, entrait dans la constitution de la plupart des mets à des doses massives inabordables pour le palais des Européens, dont les voies digestives n'eussent pas tolérées sans dégâts une telle pratique culinaire. Le Tirailleur a d'ailleurs le goût des choses fortes, l'obtusion de sa sensibilité cutanée semblant s'étendre à celle de ses papilles gustatives. Il suffit de goûter à la mixture qu'il chique pour être fixé à ce sujet. Ce produit est obtenu en pulvérisant jusqu'à obtention d'une poudre impalpable, du scaferlati ordinaire à défaut d'une plante spéciale de la flore sénégalienne, celle-ci beaucoup préférable car plus pigmentée. A cette poudre on ajoute dans la proportion d'un tiers le résidu sec provenant du filtrat de cendres d'épluchures de pommes de terre ou de maïs, renfermant une forte proportion de sels caustiques de potasse et de chaux. Cette préparation d'usage interdit à la muqueuse buccale des Européens ne provoque chez le Tirailleur aucune réaction sensible, sa salivation ne semble même pas exagérée, malgré le peu de modération qu'il met souvent dans la satisfaction de sa passion.

La ration du Tirailleur comporte en temps normal une

certaine quantité de noix de kola. En Orient, les difficultés du ravitaillement motivèrent son absence à peu près absolue dans les distributions de vivres, ce qui ne manqua point de provoquer des lamentations amères qui prouvent la haute estime que tient le Tirailleur à l'égard de ce fruit du pays.

L'eau constitue sa boisson normale, la ration du Tirailleur ne comporte d'ailleurs aucun liquide alcoolisé. En marche, nous l'avons dit, il ne se montre pas exigeant sur la qualité du liquide mais quand les circonstances le permettent, il fait un choix ; il manifeste toujours pour certaine source une prédilection exclusive et pour l'eau javéllisée ou stérilisée par un moyen quelconque une aversion manifeste qui ne cadrait pas toujours avec les ordres supérieurs.

Quelle était sa mentalité ? Le Tirailleur, âme simple et neuve, est en somme un grand enfant que l'on éduque au sortir de la brousse. Plastique, il devient ce que l'on veut bien qu'il devienne ; il ignore tout, il a tout à apprendre, il vaudra ce que veulent ceux qui l'entourent. De jugement simple, il agit sans grand discernement dès qu'il opère en dehors des faits de la vie habituelle. Il exécute l'ordre ou la consigne avec une rigueur inexorable sans que son initiative entre en jeu. D'une versatilité rare, il pratique le « Carpe Diem » dans tout ce qu'il a de plus absolu. Il a une facilité d'oubli remarquable. C'est surtout chez lui, qu'il est exact de dire qu'un beau jour efface le souvenir de beaucoup de mauvais. Qu'après de longs et durs combats, qu'après de longs jours de misère on lui fournisse un cantonnement à peu près confortable, un ravitaillement copieux et l'entrain règne à nouveau sans aucun souci du lendemain. En somme, le Tirailleur reste ce qu'il était chez lui, la vie matérielle assurée suffit à peu près à ses exigences, ventre plein, beau soleil : bon moral. Le superflu consiste pour lui en un feu pétillant à défaut de soleil, en quelques jeux de cartes même dépareillés qui assurent en des « palabres » bruyants une gaieté débordante là ou le poilu français accuse la plus violente nostalgie.

A-t-il le cafard ? Il eut été certes en droit de l'avoir. Loin du pays, séparé des siens dont il était la plupart du temps sans nouvelles, vivant d'une vie à laquelle il ne comprenait le plus souvent rien, il acceptait les coups du sort avec le fatalisme ou plutôt l'inconscience qui forment le fond de sa nature. Toute l'histoire du grigri tient dans ce fatalisme, dans cette inconscience. Après une attaque sanglante, le Tirailleur revient-il sauf ? le grigri est bon ; revient-il blessé ? le grigri l'a préservé d'une plus grave blessure ou de la mort ; est-il tué ? ses camarades diront que le grigri ne valait rien, l'expérimentation l'a prouvé. En somme, le cafard ne peut être qu'accidentel chez une nature d'une telle inconscience ; surviendrait-il qu'un rayon de soleil le ferait disparaître. Les accès de neurasthénie ou mélancolie qu'il accusait parfois sont liés à des causes plus tangibles que celles qui font naître le cafard.

Le Tirailleur est persuadé de la supériorité du blanc, qu'il accepte volontiers ; d'ailleurs, quand quelque chose l'étonne, il résume ses impressions en disant « tout ça y en a manière de blanc » c'est-à-dire, tout cela c'est la façon de se comporter des blancs, ne cherchons pas à comprendre ! Son admiration se borne cependant à peu près à celle de son entourage, il traite avec un certain dédain quiconque ne le commande pas directement. Ainsi, il considérait l'indigène Macédonien comme un être un peu inférieur ; très obligeant d'ailleurs, il ne dédaignait pas de lui rendre service mais tout en ne compromettant pas sa dignité de Tirailleur et en conservant des allures de bienveillant protecteur.

A l'égard du médecin, il professe la plus haute estime. Un peu « sorcier », le « major », est un être éminemment supérieur, qui jouit de la confiance générale. La foi en les médicaments est inébranlable chez le Tirailleur, et c'est un principe de ne jamais renvoyer un malade en lui prescrivant seulement du repos ou un régime, l'adjonction d'une médication quelconque, anodine, décuplera le facteur confiance encore plus indispensable chez lui que chez tout autre.

Il est peu enclin à tirer la « carotte », trop persuadé que le « major » ne manquerait pas de découvrir la supercherie; d'ailleurs, ses ressources imaginatives ne lui permettent pas l'élaboration de savants maquillages, tout au plus songera-t-il à exagérer les symptômes douloureux d'une affection bénigne; et cela avec si peu de malice qu'on ne lui en veut pas.

CHAPITRE II

Morbidité et Réactions spéciales.

Tout être transplanté, appelé à vivre dans un milieu différent de celui dans lequel lui et ses ascendants ont toujours vécu, subit dans son organisme un heurt auquel il réagit consciemment et passivement. Ce heurt était, on l'avouera, particulièrement sensible pour le noir appelé à vivre non seulement dans un milieu et sous un climat qui n'était pas le sien, mais encore dans les conditions particulièrement pénibles que créait sa vie de tirailleur.

Passivement il réagissait d'une façon sensible pour les statistiques particulièrement en hiver, consciemment, trouvait-il des ressources dans son intellect pour lutter contre les influences extérieures ? On peut dire que, non seulement il ne se défendait pas mais que bien souvent, inconsciemment, il allait au devant du mal. La nouvelle recrue, celle non éduquée devenait pour ceux qui l'entouraient l'objet de recommandations et d'une surveillance constantes. Le Sénégalais ne sait pas se défendre, quiconque l'a observé pendant les froids rigoureux de la Macédoine a pu s'en rendre compte. Pelotonné sur lui même, incapable de mouvement, la tête et uniquement la tête devient son soin constant; les couvertures et les cache-nez s'y accumulent. Tant pis si les pieds gèlent, la partie noble et pourtant si peu consciente est protégée. Nous avons été témoins de ce fait que, dans une infirmerie rudimentaire que nous possédions, nous constatâmes un matin que plusieurs de nos malades avaient contracté des gelures des pieds. Sortant la nuit, ils étaient rentrés les pieds mouillés, fidèles au principe ils avaient entouré la tête de la sollicitude coutumière au détriment des extrémités inférieures, ceci malgré le luxe de moyens de protection contre le froid que nous mettions à la disposition de nos malades. Le froid paralyse en somme tous les moyens intellectuels du noir. Est-il en faction dans un lieu où il a la liberté de se déplacer, il préfère se recroqueviller, se cacher sous sa capote ou se contenter d'avoir l'illusion de la chaleur devant un maigre feu de brindilles. Et ceci se répète dans tous les actes de la vie. A-t-il chaud, a-t-il été contraint à un exercice quelconque, il ne connaît pas les méfaits du chaud et froid, il attend stoïquement le réveil du pneumocoque qu'à la rigueur il stimulera par l'ingestion d'un bidon d'eau froide. A-t-il les pieds mouillés, il ne se déchaussera pas, il conservera ses bandes molletières serrées à un tel point que la circulation de retour sera complètement interrompue ; nous en avons vu qui en plein hiver revêtaient les vêtements de toile d'été. En somme, toute une éducation est à faire, éducation longue d'ailleurs et souvent décourageante.

Comment réagissait-il passivement et quelles étaient chez lui les manifestations les plus fréquentes du heurt qu'il avait à subir de par les conditions de sa vie de tirailleur. Physiologiquement différent de l'Européen, encore que cette physiologie spéciale nous semble mal connue, ses réactions seront toutes différentes. La plupart des auteurs reconnaissent chez le noir une tension artérielle plus faible que chez l'Européen. Le pouls est généralement plus lent. Nos constatations sur l'individu sain nous ont amené à considérer le chiffre de 65 pulsations comme moyenne normale, ceci chez des sujets n'usant pas de kola. Le Docteur BORDIER signale une plus grande plasticité du sang dont la coagulation serait également plus rapide que chez le blanc. Réflexes moins vifs, sensibilité atténuée sont des faits que nous avons également constatés.

A la physiologie à part du Sénégalais correspondra une morbidité particulière d'autant plus que le Tirailleur possède un passé pathologique spécial.

Tous sont impaludés dès leur enfance selon LE DANTEC; on trouve l'hématozoaire dans la grosse rate du jeune noir. A l'âge mur cet impaludisme ne diminue pas sensiblement sa résistance. Chez lui, le noir jouit vis-à-vis de la fièvre jaune d'une immunité à peu près complète au contraire du blanc et à un tel point que le Docteur NOTT a pu dire « qu'un quart de sang nègre vaut mieux pour se préserver de la fièvre jaune que la vaccine pour préserver de la variole ». D'après LE DANTEC, cette immunité ne serait pas absolue car pendant les épidémies de fièvre jaune, on voit des noirs originaires de colonies non amalarygènes contracter la maladie et parfois en mourir.

Par contre, nous constatons que hors chez lui il possède vis-à-vis de certains agents pathogènes une susceptibilité spéciale.

Quelles étaient les manifestations morbides les plus fréquentes que pouvait observer à leur origine le médecin de bataillon ?

L'appareil respiratoire, celui sur lequel l'action du froid, l'ennemi du Sénégalais, se fait le mieux sentir était de beaucoup le plus fréquemment atteint.

Trachéites, bronchites nombreuses n'offrant rien de particulier sinon leur tendance à évoluer vers des lésions plus graves de l'arbre respiratoire. Un caractère particulier est l'intensité de la toux que le malade n'essaie nullement de modérer, d'où un cercle vicieux que nous avons réussi souvent à interrompre dans les cas rebelles par l'injection pratiquée le soir de hautes doses de chlorhydrate de morphine. Le sommeil amenait une sédation du processus irritatif facilitant la guérison ; le seul écueil de cette pratique était l'entretien d'une constipation souvent opiniâtre chez le Sénégalais.

L'entrée en jeu du pneumocoque assombrissait singulièrement le pronostic. Tous les auteurs, en particulier LE DANTEC et MARCHOUX ont signalé la réceptivité spéciale du noir pour cet agent pathogène. La fréquence de la pneumonie chez le Tirailleur a inspiré le sujet de thèses précédentes (JEANDEAU, Thèse Bordeaux 1915-16 et VIERON, Thèse Bordeaux, 1916-17).

En Afrique, la pneumonie est commune. LE DANTEC la signale comme une réaction insidieuse, bâtarde, analogue à la pneumonie des vieillards avec une tendance de généralisation aux séreuses.

Dans un bataillon où le Tirailleur souvent surmené est sujet aux refroidissements brusques, le pneumocoque brutalement stimulé s'impose d'une manière plus bruyante, aussi avons-nous constaté le plus souvent des formes d'invasion analogues à celles classiques chez le blanc, l'évolution, autant que nous avons pu le constater se présentant avec des formes variables.

Dans cette forme de pneumonie à début brusque, ce qui frappe le plus est l'aspect anéanti du malade, l'indifférence du sujet à tout ce qui se passe autour de lui, sa prostration, qui indiquent une atteinte profonde de l'organisme. Cet abattement se manifeste d'ailleurs dans toutes les affections graves, mais jamais aussi nettement marquée que quand il s'agit de pneumonie. La dyspnée est intense, la respiration superficielle, le malade appréhende le moindre effort qui nécessitera un rythme respiratoire plus profond. Jamais nous n'avons constaté d'une façon aussi constante et aussi marquée le battement des ailes du nez qui imposait à première vue le diagnostic. Température élevée dans les environs de 40°, pouls fréquent mal frappé, expectoration rouillée peu abondante ; plus la pneumonie est grave et moins le malade crache.

Les signes physiques sont ceux classiques, en général,

grande étendue du processus inflammatoire. Dans cette forme de pneumonie, le délire quand il existe prend la forme bruyante, paroles incohérentes, tétanie avec grandes crises hystériformes, contracture des muscles de la face, battement vibratile des paupières.

Cette description s'applique à la pneumonie contractée à la suite d'une brusque stimulation du pneumocoque. Toutefois, le pneumocoque s'installant insidieusement sur un organisme anémié, fatigué, chez un sujet catarrheux donne lieu alors à une pneumonie bâtarde analogue à celle du vieillard. Dyspnéïque un peu, fébrile un peu, expectorant un peu, avec des signes physiques peu accentués, le sujet fait une pneumonie, debout, sans en somme que l'organisme ne donne l'alarme que souvent par un dénouement fatal.

En somme, on peut dire que chez le Sénégalais la pneumonie perd son type classique d'affection cyclique, lobaire, qu'elle possède chez le blanc adulte et sans tare.

Cette différence dans l'évolution tient à ce que chez le Sénégalais, le pneumocoque opérant sur un terrain qui lui est favorable, prospère et tend à généraliser, ou, produira ses complications par ses nombreuses toxines. JOUIN signale sur 14 pneumoniques la généralisation sanguine dans cinq cas tout au début de l'affection. Le cœur, non seulement surmené par la difficulté de la circulation pulmonaire, présentera des lésions de myocardite, les toxines produisant une paralysie cardiaque analogue à celle signalée par VINCENT dans la diphtérie (JOUIN, *Bulletin de Path. Exot.*, 10 novembre 1917). De même, généralisation aux méninges, au péricarde, à la plèvre et ceci dès les premiers jours, le cycle n'a pas le temps de se produire. Ceci explique également pourquoi la pneumonie est si différente suivant les malades, selon le processus d'invasion, le terrain et les modes si différents de complication, la pneumonie prendra toutes les formes d'une infection générale.

Le traitement dans un bataillon se résumait en ventouses appliquées systématiquement sur tout le thorax, scarifiées du côté atteint; huile camphrée à haute dose et boissons abondantes. A l'arrière, le traitement pouvait évidemment devenir symptômatique selon la prédominance de telle complication survenant.

Cette réceptivité spéciale du noir pour le pneumocoque donne d'ailleurs lieu à d'autres manifesfations que nous n'avons pas observé dans notre bataillon, mais que les médecins des hôpitaux sénégalais ont signalés. BEAUJEAN signale (*Bulletin Path. Exot.*, 10 novembre 1917) six cas de pneumococcies cutanées rappelant dans quatre de ces cas l'érysipèle de la face, moins le bourrelet, et éruption généralisée dans les deux autres cas. Sur 52 méningites examinées par le même auteur, 22 étaient le fait du pneumocoque avec présence de pus dans les sinus de la face et frontaux. LE DANTEC signale les cas d'insolation observés par MARCHAND qui n'étaient que le fait du pneumocoque pénétrant directement dans les espaces méningés par les fosses nasales. DUFOUGÈRE (*Bul. de Path. Exot.*, 10 juin 1914), en présence de faits analogues au Maroc, émet l'hypothèse que certains cas de folie subite ne sont peut-être qu'une manifestation de méningite pneumococcique.

Le pneumocoque à l'égard du noir constitue l'écueil à son expatriement. Toutefois nous avons constaté en ce qui concerne la pneumonie que la jeune recrue en était surtout atteinte, mais que soit que se fut faite la sélection, soit accoutumance, le Tirailleur qui avait déjà passé un hiver en France ou en Macédoine, offrait vis-à-vis du pneumocoque une résistance évidente.

A l'égard du bacille de Koch, le Sénégalais ne semble pas posséder une électivité spéciale. Sujet aux autres affections pulmonaires, la tuberculose trouve un terrain tout préparé chez le Tirailleur convalescent. Rares furent nos évacuations comportant d'emblée un diagnostic de tuberculose pulmonaire. La Bacillose pulmonaire chez le Sénégalais présente cette particularité de brûler les étapes.

Un signe qu'il est fréquent de constater à la première période est la dépigmentation thoracique en ilots coïncidant souvent avec l'adénopathie sus-claviculaire signalée comme un symptôme de pleurite du sommet. Cette réaction glanglionnaire limitée en général à un ganglion situé derrière la clavicule contre le bord externe du sterno-cléïdo-mastoïdien atteint le volume d'une amande de consistance ferme allongée dans le sens de la clavicule. Cette adénopathie peut d'ailleurs exister en dehors de symptômes bacillaires en particulier chez les sujets atteints de nelavan.

Les autres manifestations morbides que l'on constate chez le Sénégalais ne présentent pas la même importance et ne peuvent constituer un échec à son adaptation à la vie de bataillon.

L'appareil digestif en particulier est remarquablement résistant chez le noir et ne présente rien de bien saillant dans sa pathologie.

La dysenterie commune en Macédoine chez toutes les troupes semblait moins grave chez le Tirailleur, et le sulfate de soude à doses décroissantes enregistrait des succès dans le traitement de tout ce que dans un bataillon on enregistre sous le nom de « diarrhée dysenthériforme ».

La constipation était fréquente, surtout en hiver, le régime riz et viande la motivant autant peut-être que l'irrégularité dans l'accomplissement d'un acte considéré par le Tirailleur comme plutôt désagréable par les froids rigoureux de la Macédoine.

La fièvre typhoïde, niée chez lui par certains auteurs, existerait cependant en Afrique mais avec des formes spéciales. Nous ne pouvons nier cependant une certaine immunité du noir vis-à-vis du bacille d'Eberth et nous signalerons que notre bataillon ne fut vacciné qu'une fois et partiellement pendant un séjour de trois ans en Orient, cela sans préjudice pour les statistiques sanitaires.

Nous mentionnerons chez le Tirailleur la fréquence très grande du tœnia, qu'il importait d'ailleurs d'Afrique. C'est une notion qu'il est important de connaître pour le médecin de bataillon, car nombreux sont les malades se présentant à la visite en accusant de la céphalée, des vertiges et parfois des vomissements, symptômes qui disparaissent avec l'expulsion du tœnia, auquel dans les débuts on ne songe pas toujours.

MALLEIN signale (Thèse de Bordeaux, 1919) une forme de stomatite très courante chez le Tirailleur. Cette stomatite se présente avec les formes de la glossite exfoliatrice marginée et intéresse la muqueuse jugale et buccale. Bénigne, sans complication autre que parfois une légère parotidite, elle semble être liée à l'abus du tabac à chiquer. Cette stomatite ne présente au point de vue du rendement du Tirailleur aucun inconvénient; un régime alimentaire léger et quelques gargarismes alcalins la faisant disparaître en quelques jours.

Ictères nombreux en hiver avec la symptômatologie banale. Le Tirailleur, qui ne peut se voir jaunir a son attention attirée par la coloration anormale de ses urines, constatation qui en général n'est pas sans le troubler outre mesure. Nous signalerons que la coloration normalement jaunâtre de la sclérotique chez le Sénégalais ne permet pas par son examen de se rendre compte de l'imprégnation de l'organisme par les pigments biliaires; la sclérotique reste encore jaune alors que tout symptôme d'ictère a disparu.

En somme, tolérance remarquable et réactions bénignes de l'appareil digestif, surtout si l'on considère le peu de ménagements avec lequel il est souvent traité. La chique perpétuellement à la bouche, ce qui ne doit pas aller sans absorption notable de produits toxiques, kola à doses massives, repas pantagruéliques et fortement épicés quand l'occasion s'en présente, absorption d'eau en quantité considérable, toute cette pratique va sans manifestations d'intolérance.

Cette passivité du tube digestif s'applique d'ailleurs à sa thérapeutique, en ce qui concerne les purgatifs en particulier la dose de 60 grammes de sulfate de soude était une dose moyenne au-dessous de laquelle nous ne descendions jamais si nous voulions avoir un résultat qui satisfasse notre malade.

L'appareil circulatoire ne réagit pas d'une façon spéciale. Les lésions valvulaires sont rares chez le noir, le rhumatisme articulaire aigu que nous n'avons jamais constaté chez lui et qui s'il existe doit-être très rare étant un des éléments à l'origine des affections orificielles. La syphilis, bien tolérée chez lui se bornant plutôt à des lésions de surface cutanées ou osseuses, manque dans l'étiologie des affections cardiaques et en restreint la fréquence.

Notre attention fut attirée en hiver du côté de l'appareil urinaire par le grand nombre de malades se plaignant de « pisser rouge ». Cette coloration anormale des urines ne s'accompagnait d'aucune réaction générale bien apparente. En particulier pas de fièvre, rien d'anormal du côté de l'appareil digestif, le foie ne semblait pas en cause, pas d'ictère même léger. Le malade se plaignait seulement de courbature générale et de douleurs assez accusées de la région lombaire. Les mictions restaient normales dans leur fréquence et non douloureuses. L'urine était uniformément teintée rouge cerise du début à la fin de la miction et ne laissait au repos qu'un dépôt peu abondant. Albumine légère.

Le diagnostic d'hémoglobinurie « a frigore » s'imposait par le caractère même des urines et l'apparition simultanée de ces symptômes chez des sujets exposés au froid et entachés de paludisme.

Cette affection, par le grand nombre de sujets atteints, eut
pu avoir de graves inconvénients au point de vue rendement
et conservation des effectifs mais elle était des plus bénignes.
Sous l'influence du repos et de la chaleur, sans autre thérapeutique que l'administration de boissons chaudes, tous ces
symptômes disparaissaient en quelques jours sans qu'il ne
survienne aucune complication.

Cet impaludisme, s'il a l'inconvénient de provoquer chez
le noir une certaine fragilité globulaire, a l'avantage de lui
conférer vis-à-vis des nouvelles réinoculations une quasi-
immunité. En Orient, la question du paludisme à l'ordre du
jour pour les contingents Européens était secondaire pour
le Tirailleur sénégalais. Peu de réactions, à peine chez
quelques uns avons-nous noté quelques accès fébriles
toujours passagers nécessitant à peine l'exemption de service.
Par suite du manque de quinine, nous dûmes pendant un
certain temps en supprimer chez les Tirailleurs la prise
quotidienne préventive, sans observer le moindre change-
ment dans le nombre de nos malades.

A peu près immunisé vis-à-vis de l'hémathozoaire, ce qui
s'explique par le fait que né et vivant dans un milieu
paludéen il y a accommodation, il posséderait de plus selon
JOUIN *(Bulletin de la Société de Path. exotique,* 1918) une
résistance spéciale à l'égard du gonocoque.

La blennhorragie se présenterait chez lui avec les symptômes d'une affection purement locale, bénigne, habituelle-
ment sans complications et facilement curable. Nous avons
été à même de soigner chez le Tirailleur de nombreux cas
d'uréthrites gonococciques à notre retour en France.
Fréquente chez lui par suite du manque de précautions
préventives post coïtum, et l'infection facilitée par la lenteur
de l'acte sextuel, l'uréthrite ne se présente pas chez lui avec
le cortège de symptômes douloureux que le blanc accuse
dans les mêmes conditions. Ceci n'implique pas une moindre
atteinte de l'urèthre; le noir étant moins sensible que le

blanc à la douleur, l'écoulement est d'ailleurs tout aussi abondant. La curabilité de l'affection peut s'expliquer par d'autres motifs qu'une moindre résistance du gonocoque chez lui, encore qu'elle soit possible. En effet, nos Tirailleurs pour la plupart en étaient à leur première infection de ce genre, de plus chez eux le facteur moral n'intervient pas ou moins que chez le blanc souvent très déprimé par la constatation de son écoulement. Le traitement et le régime sont suivis sans accrocs par nos malades consignés d'ailleurs dès la nature de l'affection constatée. Le succès dans la guérison tient sans doute à tous ces facteurs autant qu'à l'intervention d'une résistance spéciale vis-à-vis du gonocoque.

Comme autres affections secondaires, du moins par leur fréquence, nous signalerons deux cas de beriberi, qui furent les seuls que nous eûmes à soigner et à quelques jours d'intervalle. Le premier malade posa lui-même son diagnostic, ayant déjà été touché par cette affection au Maroc. Béribéri à forme humide dans les deux cas, face bouffie, membres œdématiés. Pas d'albumine, et réflexes diminués; sensation de constriction de la base du thorax et de barre épigastrique, symptômes douloureux qui les amenèrent à la visite. Dans les deux cas, guérison en une quinzaine de jours, sans traitement bien spécial, autre qu'un régime plus riche en légumes que celui normal de la ration.

Aucun cas de scorbut, quoique les bataillons voisins en signalèrent de nombreux.

La peau, chez le Sénégalais, est le siège de nombreuses affections qui tiennent pour une part au manque d'hygiène et d'autre part nous semble-t-il a une susceptibilité spéciale. Nombreuses pyodermites avec réaction ganglionnaire beaucoup plus accusée que chez le blanc, la gale n'était pas rare. Desquamation furfuracée de la paume des mains et de la plante des pieds ressemblant à des psoriasis palmaire s'accompagnant de douleurs ostéocopes accusées surtout la nuit et que nous avons supposé être des symptômes de pian ou syphilis. Nombreuses éruptions non diagnostiquées d'ailleurs, et que nous traitions empiriquement; l'examen au laboratoire devenant indispensable en face de lésions que la coloration noire de la peau et les infections secondaires dues à la négligence du malade rendaient extrêmement polymorphes.

D'intellect peu développé, les troubles du psychisme chez le Tirailleur sont rarés et ne peuvent prendre les formes compliquées que l'on observe chez les civilisés d'ordre supérieur. L'interrogatoire difficile déjà chez le Tirailleur normal ne permet pas une analyse approfondie de ses troubles mentaux.

Assez souvent on nous présenta à la visite des sujets, tristes, indifférents à tout, muets, que l'on considérait comme des mélancoliques mais qui le plus souvent étaient des affaiblis au point de vue physique et qu'un régime reconstituant et une thérapeutique appropriée amélioraient rapidement. Nous croyons que beaucoup de cas de folie ne sont que des délires infectieux et que la rage subite du Tirailleur, qui tue à tort et à travers, n'est qu'un retour à son état primitif de brute, qui victime, ou croyant l'être d'une injustice, agit par réflexe d'abord, puis affolé perpétue son geste jusqu'à ce qu'on le réduise à l'impuissance.

En résumé, réactions spéciales chez le noir; mais le médecin rencontre surtout chez lui une difficulté dans l'interrogatoire qui use la patience des plus calmes, surtout quand les malades sont nombreux et que le temps de l'examen de chacun est par suite limité. Il est la plupart du temps, impossible de se fixer une opinion par l'interro-

gatoire. Que l'on demande au Tirailleur où siège exacte-
ment la douleur, il désignera tout le thorax, ou tout
l'abdomen s'il ne dit pas « y a mal partout ». Le début de
l'affection remonte suivant la façon d'interroger à un jour
ou à un mois et le malade fournit imperturbablement la
même réponse à des demandes contradictoires.

Il faut de la part du médecin beaucoup de patience; une
longue pratique facilite beaucoup l'interrogatoire et, surtout,
comme le disait un de nos chefs, pour faire œuvre utile
« il ne suffit pas de commander le Tirailleur il faut encore
l'aimer ».

CONCLUSIONS

Le Sénégalais appelé à faire un Tirailleur peut rendre les plus grands services. En Afrique, c'est indéniable, le blanc ne peut le remplacer. Hors chez lui, il est nécessaire comme l'avait préconisé LE DANTEC (*Journal de Médecine de Bordeaux*, 15 mars 1914) de l'éduquer et de faire son instruction physique à la colonie même et procéder par étapes successives avant de le faire servir sous des climats rigoureux au moins pour lui. Les vieux Tirailleurs qui avaient servi au Maroc avant la guerre étaient d'une résistance qu'auraient envié les « poilus » les plus entraînés et ne commettaient pas les imprudences fatales de la jeune recrue. Le recrutement doit porter sur des sujets sans tares, complètement formés et exclure les parasités incurables, ceux curables devant être traités sur place.

En somme, le seul échec à son expatriement est la fragilité de l'appareil respiratoire ; catarrheux, bronchiteux, le pneumocoque s'en mêlant, toutes ces affections mêmes guéries laissent un lit tout préparé à la tuberculose. Le remède est dans l'entraînement, éviter toutes les imprudences du surmenage, éduquer la recrue sur les méfaits du froid et surtout de l'humidité. Un hiver passé sans encombre est un brevet de résistance. Avant cette épreuve il est prudent de ne pas se presser dans l'instruction physique du sujet et de progressivement l'accoutumer aux rigueurs d'un climat nouveau pour lui.

D'ailleurs, le Tirailleur n'est pas appelé à servir seulement en France ; et partout où la température se rapproche de celle d'Afrique, dans les pays d'Orient, où le soldat français est miné par le paludisme le Sénégalais conserve toute sa résistance, toutes ses aptitudes, et est appelé à rendre les plus grands services.

Discipliné, confiant dans ceux qui l'entourent, aimant ses chefs s'ils en sont dignes, le Tirailleur sénégalais acquiert avec les années de service toutes les qualités qui en font un guerrier hors de pair.

Vu, bon à imprimer

Le Président de la Thèse,

LE DANTEC.

Vu : *Le Doyen,*

SIGALAS.

Vu et permis d'imprimer :

Bordeaux, le 16 Avril 1920.

Le Recteur de l'Académie,

R. THAMIN.